ETERNO
EFÊMERO

Todo mundo tem

Todo mundo tem um amor secreto,
um amor antigo, sufocado ou bandido.
Todo mundo tem um amor desfeito,
esquecido, descartado, banido.
Todo mundo tem um amor sofrido.
Todo mundo tem um amor estimulado ou escondido.
Todo mundo tem um amor novo,
cultivado, acariciado, protegido.
Todo mundo tem um amor.

SOBRE A LUA

Esta Lua que viu grandes amores
em todos os tempos e em cada lugar,
é a mesma Lua que verá outros amores
em cada futuro que há de chegar.

SER FELIZ

Nada mais quero entender.
Não há nada a explicar.
A certeza é só sentir.
A saída é confiar.
Simples como a luz e o grande azul.
Luar e Sol no mesmo céu.
Magia e paz no mesmo sim.
Não há tempo para a hora de esperar.
Nem espaço de indecisão.
Ser feliz é a calma que acontece
no olho do furacão.

COMO SE FOSSE O QUÊ?

Como se fosse a hora do encontro
em todas as esquinas da cidade.
Como se fosse a tarde que se abre
e deixa todo mundo em liberdade.
Como se fosse um anjo feminino
transpirando a alegria de viver.
Como se fosse um toque carinhoso
no ponto que nos faz estremecer.
Como se fosse a Lua insinuante
mudando cada tom da claridade.
Como se fosse roupa espalhada
fazendo um rastro de felicidade.
Como se fosse a entrega de um convite,
para uma festa embaixo dos lençóis.
Como se fosse beijo atrás de beijo,
deixando apenas pele entre nós.

A ARTE DE IR E VIR

Na volta, o caminho vira outro.
Muda até mesmo a vibração dos ares.
A paisagem repetida também muda.
Muda a forma e o retrato dos lugares.
Na volta, há mudança de esperanças.
O caminhante passa a ver o outro lado.
O que ficou atrás espera lá na frente.
E alguém talvez se mostre mais cansado.
As subidas descem. As descidas sobem.
Surge algo não olhado antes.
As curvas, contorcidas ao contrário,
vão alterando a pose dos mirantes.
A volta tem matizes diferentes
e pode até mostrar-se complicada,
pois tem a ver com outra realidade:
o ponto de partida agora é a chegada.

CONTRADIÇÕES DO SENTIMENTO

A certeza parece infinita. A paixão já nasce imensa.
A razão se mostra confusa. Porque o coração não pensa.
A gente quer a resposta. A gente abraça uma crença.
A gente quer direção. Porque o coração não pensa.
Ninguém percebe a essência. Beleza faz diferença.
O todo é simples detalhe. Porque o coração não pensa.
Saudade gera tristeza. Ciúme vira doença.
Apego só aprisiona. Porque o coração não pensa.
O tempo passa depressa. A estrada fica extensa.
A solidão acontece. Porque o coração não pensa.
Toda história tem início com uma simples presença.
Ninguém consegue explicar. Porque o coração não pensa.
Tudo que existe se esconde nas sombras da noite densa.
A gente não sabe nada. Porque o coração não pensa.

PERMANÊNCIA

Presença constante no rumo e no passo.
Um nó que me aperta em forma de abraço.
Presença constante na linha da vida.
Caminho sem volta, eterna subida.
Presença constante no meu dia a dia.
O ar que eu respiro tem sua magia.
Presença constante em cada momento
que passa e que fica no meu pensamento.

O INESPERADO

Estar hoje aqui é muito especial
porque não existe nada lá fora.
Eu tenho este momento como ponto inicial,
que é completamente o meu agora.
Alguém pode pensar em abrir alguma porta
que saia num caminho que leve ao paraíso.
Mas não é nada disso, a vida é linha torta,
e a gente segue atento no meio do improviso.
Alguém pode pensar que algo deu errado
porque aconteceu de um jeito diferente.
As tramas do destino não têm muito cuidado,
nem gostam de agradar a lógica evidente.
Alguém pode pensar que existe uma procura
e tenta investigar as causas de um porquê.
Relaxe o pensamento, esqueça essa tortura.
O paraíso corre e vai até você.

PRESSENTIMENTO

De olho no sinal dos tempos,
no sinal dos ventos, no sinal dos astros.
Atento ao sinal dos sonhos,
ao sinal das nuvens, ao sinal das aves.
Seguindo todos os presságios
como quem conhece os sinais
da palma da mão.
Ligado no sinal de alerta,
que me alegra o peito
e dispara o meu coração.
Vou assim, sozinho, ou junto,
se você me acompanhar.
Cada passo é o meu caminho,
não importa aonde vai dar.

POR QUE NÃO?

Só me interessa o que tem mistério.
Sou mais ligado no desconhecido.
O resto faço, não há outro jeito.
Se é tudo claro, fico aborrecido.
Quero pergunta que não tem resposta
e situação que não dá pra entender.
O inesperado é mais interessante
e, de repente, um novo acontecer.
Vida de mudança, sempre um sobressalto.
Chega uma surpresa sem explicação.
No caminho escuro, céu iluminado,
estrela cadente pega a minha mão.
Eu só pretendo ser guiado assim,
pelos poderes da intuição.
Vou sem pensar no que depois virá.
Não devo ouvir, não quero ouvir
os gritos da razão.

JEITO DE SER

Deixo de um lado o que sempre fui.
Deixo de outro tudo que aprendi.
Deixo de fora o que não é meu.
Deixo aqui dentro só o que me cabe.
Agarro forte o que tem a ver
com meu destino de ser mais feliz.
Conquisto o sonho, cumpro meu papel,
abraço forte o que sempre quis.
Solto o detalhe sem nenhum apego,
fico mais simples e mais natural.
Questiono tudo que já chega pronto.
Fujo da regra, amo o principal.

POR AÍ AFORA

Com fé no meu destino e o pé na estrada,
eu sigo sem saber aonde chegar.
O mundo é tão pequeno como o nada
e grande como posso imaginar.
Sigo assim, entre o céu e o chão.
Sigo o som do coração.
Sempre assim, sem tirar nem pôr,
meio fera, meio amor.
Meus passos deixam marcas no caminho,
de tudo quanto é certo duvidar.
E o perto é um sentimento tão profundo,
que o longe fica fácil de alcançar.

OUTRA DIREÇÃO

Muitas vezes você fica
meio triste, atordoado,
sem saber se segue em frente
ou se o certo está errado.
Você chora de saudade.
Desalento mora ao lado.
Você não vê mais saída,
pois está desnorteado.
Olhe bem para o Planeta.
Ele gira sem destino
e se solta pelo espaço
feito o som de um violino.
Não existe em cima, embaixo,
mapa é só uma convenção.
Mude já, revire tudo,
siga em outra direção.
Desembarque em Costa Rica
ou se arrisque em Cabul.
Mas agora esqueça o Norte.
Se oriente pelo Sul.

*Quando sua cabeça diz não
e mostra a você
que tudo é uma grande loucura,
mas seu coração diz sim
e convence você
de que a vida é uma aventura,
não resta escolha,
pois a voz do coração
é o avesso da censura.*

ASSIM O AMOR RENASCE

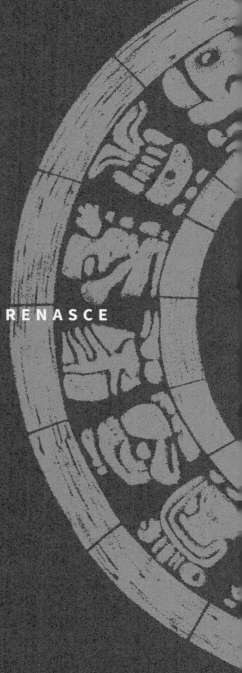

PROMESSA

Quando restarem apenas cores e perfumes.
Quando tudo for um sentimento vago,
uma suave lembrança, um quase nada.
Quando o silêncio se fizer maior
e cada palavra desmaiar na boca do tempo.
Quando não houver desejos vãos
nem pensamento,
ainda estarei vivo,
mesmo que diluído na luz
que espia por uma fresta,
só para ver sua beleza se acomodar
em algum reflexo da amplidão.

MEA-CULPA

Fui embora sem dizer nada.
Qual a palavra mais adequada a uma despedida?
Tudo que dissemos foi para ferir e magoar.
Não sobrou qualquer significado
que pudesse dissipar nosso rancor.
Também não olhei para trás.
Como recuperar a ternura do início,
se havia lágrimas no lugar da percepção?
As melhores horas se perderam no vestígio do tempo.
Ainda hoje, sinto vontade de dizer o que não disse
e de olhar o que não vi.
Até hoje, sinto vontade de ser naquele instante
quem eu sou agora.

SOLTE-SE

Deixa o tempo seguir,
deixa o mundo rodar,
deixa o choro sair,
deixa a mágoa pra lá.
Deixa a trava se abrir
e a dor se acabar.
Deixa o riso explodir
e o amor te ajudar.
Deixa o peito sentir.
Deixa a festa esquentar.
Deixa o sonho existir.
Deixa o medo passar.
Deixa alguém te atrair
e a mão te afagar.
Deixa o olhar refletir
e o amor te ajudar.
Deixa a vida fluir por hoje só.
Deixa o barco correr sem direção.

NOVA JORNADA

Recordar não diz mais nada.
Já passou feito enxurrada.
Não sou mais alguém que fui,
resolvi mudar de estrada.
Vou levar o meu desejo
para alguém que eu não conheço.
Se esse alguém quiser sentir,
pode ser outro começo.
Novo amor, nova fogueira.
Cavalgar sem ver fronteira.
Muitas voltas pelo mundo.
Emoção pra vida inteira!

O QUE FAZER?

Sei de um lugar vazio.
Alguém foi embora sem despedida.
Ninguém apareceu.
O espaço permanece sem vida.
A possibilidade pode preencher o nada.
Pode derramar cântaros de sonhos
quase lúcidos, quase despertos,
belos e risonhos.
Mesmo assim, o lugar permanece vazio,
pronto para a completude,
que não depende de sonhos,
apenas de ação.

NO FRIO DA SOLIDÃO

Saudade de você.
Saudade de abrir meu coração
e observar seu coração aberto.
Saudade de ser eu mesmo,
sem medo de enfrentar julgamento.
Saudade de beber vinho ou cerveja
e conversar qualquer coisa,
assim como falar mal das pessoas
ou enaltecer a vida.
Saudade dos seus olhos rápidos
em busca de aprisionar os meus.
Saudade do seu existir perto de mim
e do seu jeito silencioso de dizer que me ama.
Saudade de estar com você
e saborear todos os fragmentos da eternidade.

ENTRE NÓS

Houve um tempo
em que a gente passeava em liberdade.
Havia trilhas, atalhos e clareiras.
Havia sonhos. Havia rumos.
No lugar da distância, havia beijos entre nós.
No lugar da demora, havia o momento fugaz.
No lugar da enxurrada, havia a ponte do amor.
Agora, tudo que tenho são perguntas.
O que foi feito das veredas e dos caminhos reais?
O que foi feito dos planos e intenções?
O que foi feito da presença?
Restaram apenas o limite e a espera.
Quem escondeu a direção?

DETERMINAÇÃO

Você pode se livrar de tudo.
Fugir à noite escalando o muro.
Achar abrigo no porão mais fundo.
Sumir sem nome no desvão do mundo.
Ou você pode se safar do escuro.
Chegar depressa, se for mais ligeiro.
Ganhar a luta, antes que comece.
Basta ter coragem, sangue de guerreiro.
Você pode se fechar por dentro.
Colar na cara um riso simulado.
Fazer de conta que não sente medo.
E se esconder feito um pobre coitado.
Ou você pode recriar a cena,
de alma cheia e de corpo inteiro,
sabendo mais do que esta vida ensina.
Basta ter coragem, sangue de guerreiro.

SEM VOCÊ

Quando você tira
alguém da sua vida,
sem mágoa,
sem nenhum rancor,
porque você entende
que é melhor assim,
para o bem de todos,
para o bem do amor,
você fica em paz
e seu coração vai além,
enquanto a outra pessoa
se transforma em ninguém.
Você não vê ninguém.
Você não ouve ninguém.
Você não lê ninguém.
Você não quer ninguém.
Ninguém desaparece.
Como bolha de sabão.
Como sombra em noite aberta.
Como água que evapora.
Como sonho que desperta.

OLHOS FECHADOS

Ela fechou os olhos para mim.
Se fossem olhos normais, olhos comuns,
eu não me importaria.
Mas foram aqueles olhos
que me fascinaram outro dia.
Olhos fechados não conseguem
contemplar os clarões da manhã.
Olhos fechados não consideram
o coração a bater.
Olhos fechados adormecem
para a beleza do encontro.
Eles se voltam para si mesmos
e trancam as portas do acontecer.

ACEITAÇÃO

Sempre ouço falar em aceitação.
Aceito.
Aceito o que quero.
Aceito o que não espero.
Mas se alguma coisa
não faz parte
daquilo que quero,
além de aceitar,
faço tudo o que posso
para transformar
o que não espero
naquilo que mais quero.

ASSIM...

O agora não passa.
Ele não vai embora.
O lugar do agora é aqui.
Aqui é o lugar do agora.
Sempre assim.
Não é lá longe.
Não é lá fora.
É dentro que ele mora.

*A gente espera
a vida inteira.
Isso mesmo: ano após ano.
Em seguida, meses e meses.
Até que chegam
as semanas e os dias.
Chegam as horas,
os minutos, os segundos.
Aí acontece.
O desfalecer se
desenvolveu devagarinho.
E parece
que foi de repente.*

QUANDO O AMOR ADORMECE

ONDA ENCANTADA

A gente se encontra por aqui.
Nós dois.
Ontem, hoje, depois,
vagando sempre por aí.
E se acaso um dia...
Quem sabe?...
Algo me arrebatar,
pode crer que entrarei no seu sonho,
pra dizer que estou perto, em outro lugar.
E se acaso um dia...
Quem sabe?...
Uma força me levar,
pode crer que estarei numa estrela
olhando você despertar.

O MENINO E EU

Ainda sou aquele menino que fui.
Você ainda é a mesma menina que foi.
Por isso, não sentimos saudade.

REVOLTA

Não quero mais esse amor impossível,
que me fascina como sendo do bem.
Não quero mais essa mão invisível,
que me afaga, enquanto o sono não vem.
Não quero mais esse amor impossível,
que me alucina como coisa normal.
Não quero mais essa força incrível,
que me embriaga e me faz tanto mal.
Agora eu quero uma paixão diferente,
que jogue estrelas sobre a vida da gente.
Agora eu quero um amor mais inteiro,
que seja um sonho simples e verdadeiro.

PRISÃO

Tudo se altera a cada instante.
Só percebe quem se move atento.
O que parece igual ganha outro rosto,
assim que chega o próximo momento.
Quem quer manter o enredo repetido,
tocando a mesma tecla conhecida,
cria um quarto escuro com seu tédio
e aprisiona ali a própria vida.

O AMAR DO AMOR

O meu amor não sabe que é meu puro amor.
Não sabe que é meu doce amor.
Não sabe que é meu louco amor.
O meu amor não sabe.
Não sabe que é meu sublime amor,
meu muito amor, meu tudo.
O meu amor não sabe.
Não sabe que é meu único amor,
meu límpido amor, meu lírico amor.
Porque o amor não sabe o que é saber.
O amor não sabe ver.
O amor não sabe ouvir.
O amor só sabe amar.
E ama tanto, que às vezes nem sabe que sabe amar.

PERDIDOS

Quando a gente perde a hora,
perde o rumo, perde a calma ou a razão,
não tem jeito, nem desculpa,
nem conserto, nem saída,
não há nada que se possa fazer.
Quando a gente perde o barco,
perde o jogo, perde tudo,
perde o amor e a discussão,
não tem jeito, nem desculpa,
nem conserto, nem saída,
não há nada que se possa fazer.
Relaxe como se hoje fosse sábado.
Não deixe a culpa nem se aproximar.
Aquilo que o outro pensa é nada,
e não pode incomodar.
Vá fundo na loucura controlada
e saia sem vontade de voltar.
Abrace outro maluco no caminho,
arranque toda a roupa
e tome um banho de luar.
Dance, cante, grite, solte a voz
livre como quem tudo perdeu.
Esqueça o que não vale e o que não valeu.

FUI!

Ser o que fui já não me serve mais.
A repetição deixou tudo previsível.
Quero mudanças urgentes e radicais,
que desafiem as regras do impossível.
Devo transgredir toda normalidade.
Sem gritar, bater a porta ou virar a mesa.
Preciso quebrar algo estruturado em mim.
Sem acionar o alarme de defesa.

DECISÕES

É muito bom ter você aqui comigo,
mas eu preciso buscar tudo ou nada.
Estão faltando horas no meu dia.
Alguma coisa deve estar errada.
Outro canto me chama e me espera
como se fosse um rumo desejado.
Talvez a sorte me abrace e me ajude.
Talvez até fique sempre ao meu lado.
É importante partir.
É muito urgente seguir.
Algum tesouro brilha lá na frente.
A liberdade é o limite.
Sem nada a me impedir.
Sem nada a segurar a gente.
Usando só a linguagem da alma,
que tem mais força e, também, mais poesia,
quero pedir a você neste instante:
não faça coisas que eu não faria,
nem faça coisas que eu fiz direito,
nem faça conta do que me acontece,
pois cada um tem lá o seu tropeço
e ninguém sabe se é porque merece.

ALGUMA VERDADE

Nunca ninguém está no comando.
Vem daí a sensação de vazio.
A surpresa se mostra no instante seguinte.
O devir é um mago vadio.
Impossível ter o controle de tudo.
Melhor não querer o domínio de nada.
O correr da existência não para nem pensa.
O trajeto a seguir pode não ser uma estrada.

DANÇA INSANA

A gente avança um passo e, muitas vezes, volta dois.
As coisas mais importantes sempre ficam pra depois.
A gente não passa da praia e o mar é o maior desafio.
A gente alimenta o medo pra não entrar no navio.
Por que travar todo merecimento
fechando cada porta do caminho?
Por que criar limites pra si mesmo,
se contentando com o mel do espinho?
Pra que viver em liberdade na gaiola,
de onde dá pra ver só quem domina?
Melhor é se arriscar, correr perigo,
do que ficar seguro na rotina.
A gente só tem um pedaço do que consegue comer.
A gente só tem a metade do que consegue escolher.
A gente só sabe o começo do que precisa saber.
A gente só tem o amor que acredita merecer.
Você sabe quando alguém virou refém.
Mas ninguém consegue salvar ninguém.

DO SEU JEITO

Você diz que me ama do seu jeito.
Mas não existe outra forma de amar.
Ou você me saboreia por inteiro
ou resolve de uma vez me devorar.
O seu jeito de me amar tem um defeito.
Você vive o tempo todo a duvidar.
Acho bom se jogar fundo no meu peito,
sem saber aonde esse amor pode levar.
Sei que sou um bicho errante e esquisito,
que ninguém no mundo soube acorrentar.
Mas seu querer é o elo mais bonito,
que me aperta como quem vai libertar.

TORRE DE BABEL

Nossas cabeças dois mil mundos,
girando assim sem direção.
No vai e vem do tal desejo,
se perdem mais do coração.
Eu digo aqui, você diz lá.
Digo depois, você diz já.
Digo acabou, você quer mais.
Digo talvez, você jamais.
Falo do céu, você de chão.
Falo que sim, você diz não.
A confusão aumenta mais,
parece não ter fim.
Eu falo em grego
e você responde em latim.
Em plena Torre de Babel,
nós dois vivendo assim
como a história de um ET
no centro de Pequim.

*Saia do passado,
acorde no presente.
Veja que sou eu
aqui na sua frente.
Do tempo que se foi
não sobrou nada.
Nem sombra, nem poeira,
nem choro, nem risada.
Abra os olhos.
Deixe-se levar.
O amor tem asas.
O amor pode voar.*

QUANDO O AMOR ESTRANHA

REVELAÇÃO

O amor que sinto por você
contém a realização em si mesmo.
Ele existe de modo independente,
feito uma estrela orbitando a esmo.
O amor que sinto por você
tem a plenitude das mais longas eras.
Vive completo num tempo sem medida,
que ultrapassa a sucessão de primaveras.
Seja na distância ou na proximidade,
nada modifica o que a alma sente.
E concluo que quando tudo acaba,
ele permanece indefinidamente.
O amor que sinto por você
pulsa ritmado e sabe repousar.
Até que de repente ganha novo impulso,
basta uma palavra, basta o seu olhar.
O amor que sinto por você
cabe na expressão única de um verso.
E supera em todos os sentidos
a imensidade em que estou imerso.

A URGÊNCIA DO AGORA

A gente vai e vem.
A gente é só um pulsar
pelo infinito afora,
sem ter aonde chegar.
A gente vai e vem
mudando de lugar.
A gente se enamora
de um brilho no olhar.
O tempo é nada mais
que eterno passageiro
de um trem que nunca parte,
mas sempre vai ligeiro.
O tempo se confunde
com o correr da hora.
Não deixe pra depois.
Diga eu te amo agora.

O LABIRINTO DO AMOR

O amor vive no grande labirinto.
Depois de cada porta outra porta.
Depois de uma janela outra janela.
Depois do coração mais coração.
Salas de espelhos refletidos em si mesmos.
Quartos de ser e de estar.
O longo emaranhado de carinhos.
Uma tela sem fim.
Uma rede que envolve.
Um abraço que não imobiliza.
Há um clarão nas galerias do labirinto sem saída.
E se vejo o amor,
como quem olha pela fresta de uma cela,
imagino que só posso fugir
de mãos dadas com ela.

AMOR LIVRE

Quando alguma coisa
tenta me prender...
Pode ser um pensamento
que procuro esconder.
Pode ser um beijo amigo
que me faz estremecer.
Pode ser uma saudade
que eu tento esquecer.
Eu me solto, solto, solto
e ando solto por aí.
Feito um vento sem destino.
Feito o azul na claridade.
Feito um barco clandestino
sem nenhuma identidade.
Eu me solto, solto, solto
e ando solto na cidade.
Como quem não quer mais nada.
Só amor e liberdade.

VIDA LOUCA

Recebo quem vem de longe,
abraço quem chega perto.
Dou beijo em quem me comove,
me entrego de peito aberto.
Pego na mão de quem gosto,
olho nos olhos sorrindo.
Faço um carinho ligeiro
e outro afago já vem vindo.
Não tenho medo do fogo
que a emoção sempre costura
entre a pele e o sentimento,
entre a paixão e a ternura.
Me atiro na correnteza
para o que der e vier.
Nos braços de quem eu amo.
Nos lábios de quem me quer.

TUDO ZEN

Não se desespere se acabou a grana,
se faltou carinho no fim de semana.
Não se aborreça com qualquer problema,
além de uma rima para o seu poema.
Não se atormente com coisa pequena,
nem com nada grande, pois não vale a pena.
Não se incomode com o que é banal,
ria do comum, descarte o que é normal.
Lembre-se que tudo passa, que tudo um dia vai.
Entre as fendas do viver, tudo finda e se esvai
na correnteza do tempo, na infinitude do espaço,
na insegurança do avesso, na rapidez do estilhaço.

TODO SEU PODER

Nunca se afaste de mim.
Apague tudo que ilude.
Escute a minha canção.
Assuma outra atitude.
Deixe a emoção transbordar
levando todo o conflito.
Eu tenho um barco ancorado
perto do espaço infinito.
Nunca se afaste de mim.
Solte as amarras da mente.
Eu trago um lado normal
e o outro, bem diferente.
Nunca se afaste de mim.
Nossa unidade é um par,
nessa viagem sem volta
que é só um feitiço de amar.
Vamos lá, me dê um beijo,
jeito simples de falar
que seu corpo reconhece
o que a alma quer lembrar.

VOCÊ

Procure ficar transparente,
translúcida, vazia, cristalina.
E andar silenciosamente,
sempre atenta, rápida, felina.
Tente ficar invisível,
oculta, secreta, misteriosa.
Nada toca em você.
Mesmo quando algo acontece.
Tudo passa. Você permanece.

MÃOS DADAS

Agora estou aqui, mas não sei se vou ficar.
Não preciso de parada, pois o mundo é meu lugar.
Já andei por muitas terras de jardins e de desertos.
Já dormi no fogaréu, nas montanhas e nos mares.
Enfim, consegui me livrar dos laços que me apertavam.
Posso escolher dentro ou fora. O centro me faz melhor.
Tenho o furor que me abraça e um lobo dança ao redor.
As luzes criam mais cores. Poderes vibram no ar.
Alguma mudança virá e o começo será musical.
No meio de tantos rumores, podemos mandar um sinal.
Quem quiser que se aproxime de coração disparado.
Não importa o que aconteça, vamos estar lado a lado.

SÓ MAGIA

Por você eu posso
ultrapassar a linha do horizonte.
Posso ir mais longe,
ser a sua ponte.
Posso me dissolver na sua pele nua.
Posso fazer mais: multiplicar a Lua.
Calar a ventania, fazer tempo bom.
Casas de arco-íris, camas de algodão.
No meu pensamento, ter você aqui.
Dar asas e asas à imaginação.

SE VOCÊ ME QUISESSE

Se você me quisesse, tudo seria diferente.
As cores do amanhecer e as luzes da noite.
As vindas da esperança e a certeza do melhor.
O encontro desejado e o afago na chegada.
Se você me quisesse,
a sensação de paz seria permanente.
Seria mais viva cada descoberta do olhar.
E seriam mais musicais os ritmos do coração.
Se você me quisesse,
eu não beijaria bocas que não dizem nada.

ARDÊNCIA

Só sei dizer que foi assim feito um sinal.
A gente olhou e viu além do que é normal.
Por isso mesmo uma verdade aconteceu.
E no lugar de tudo, só você e eu.
Nas palavras, sempre sim.
Nos carinhos, muito mais.
O prazer é um mar sem fim
e o desejo é o fogo em paz.

Só peço que você me leve,
me abrace, me beije, me ame.
Com a sutileza de uma brisa
e a força de um tsunami.

QUANDO O AMOR É CALOR

ELA NEM SABE

Ela nem sabe que me deu motivos.
Ela nem sabe o quanto me ajudou.
Ela nem sabe que, com seu silêncio,
me disse algo que me despertou.
Agora eu posso caminhar tranquilo,
sem carregar a pressa que me atrasou.
Agora eu posso ver que, além de tudo,
existe um sonho que ninguém sonhou.
Agora eu posso ver que, além de tudo,
existe um mar que ninguém navegou.

QUERER É PODER

Eu quero cantar sorrindo
e viver de amor e brisa,
enquanto o passar das horas
me observa e me analisa.
Eu quero fazer de conta
que este mundo é mesmo sério,
enquanto minha cabeça
passeia em outro hemisfério.

NO MEU QUINTAL

Quero plantar no meu quintal um pé de beijo,
pra não ter mais de correr atrás de você.
E vou plantar também um pé de carinho,
só pra colher arrepios, sem nunca precisar de você.

APOSTO EM VOCÊ

Guerreiro treinado nas brigas da vida,
lutando adoidado, soprando a ferida,
defendo você.
Eterno aliado em tempos incertos,
às vezes ousado, de braços abertos,
protejo você.
Buscando um sentido no caos do destino,
que mora escondido no bar de um cassino,
aposto em você.

ENTREGA TOTAL

Eu tenho um sonho que me deixa acordado
a noite inteira, feito um céu todo estrelado.
Parece um beijo que desliza pelo espaço
nas loucuras de uma entrega, nos calores de um abraço.
Parece um canto de sereia que me atrai,
pra me dizer que posso ter uma surpresa.
Do outro lado deve haver alguém chamando.
Eu sigo em frente, totalmente sem defesa.

À PRIMEIRA VISTA

Tem gente que pensa no querer
como se fosse jogo resolvido.
Uma escolha, um fato definido,
que você seleciona de uma lista.
Cada situação que se apresenta
acontece de maneira inesperada.
E o coração desperta e dá risada
de forma repentina e imprevista.
Não há como mudar o que está claro.
Não dá pra resumir o que é imenso.
Não dá pra transformar o que é intenso
num raciocínio lógico e simplista.
Mesmo que alguém tente examinar,
nunca vai chegar a entender
algo que floresce ao se esconder
e cheio de segredo deixa pista.
É preciso um pouco de silêncio
pra você sentir profundamente
tudo que acontece de repente
como a inspiração de um artista.
Eu só acredito no amor à primeira vista.

SENSAÇÕES

Vou tentar dizer de forma simples
o que penso às vezes vagamente,
sem saber ao certo se entendo
o sentir que chega efervescente.
Tudo não passa de uma sensação,
um alvoroço sem pé, nem cabeça,
ou uma inquietude, feito onda
provocada pela emoção travessa.
Também pode chegar, vinda do nada,
uma calma sem nenhum aviso,
do mesmo jeito assim inusitada,
inconsistente, vaga e imprecisa.
Sempre me calo um pouco nessas horas
e observo o acontecimento.
Sei muito bem que o próximo sentir
depende apenas de outro movimento.

LUA CRESCENTE

Não sei o que guarda meu dia seguinte,
nem sei o que existe depois do universo.
Não sei quanto posso gastar no domingo,
nem sei o que digo enquanto converso.
Não sei quase nada a respeito de tudo,
nem sei se é melhor a notícia que espero.
Não sei se a certeza combina comigo,
nem sei se o acaso será mais sincero.
Não sei se o carinho às vezes se esconde
nas leves promessas de um beijo qualquer.
Nem sei se o amor, que é tão forte e bonito,
só fica vibrante enquanto quiser.
Quem virá por esta porta aberta
neste instante em que a noite começa?
Quem será minha lua crescente?
Que venha correndo e me abrace depressa.

O SALTO

Quando alguém se joga,
pode cair ou voar.
Quem não se arrisca,
não conhece a sensação de saltar.

IMAGINANDO COISAS

No dia a dia, sem nenhum controle,
sem mais nem menos, sem nenhum porquê,
um fato estranho cria um sentimento
e ele cresce e mexe com você.
Você não pode nem acreditar.
Você não sabe bem o que fazer.
E fica então imaginando coisas
que nunca vão acontecer.
Coisas que fogem de todo bom senso.
Coisas que só você pode entender.
Porque são coisas tão encantadoras,
quase impossíveis de acontecer.
Coisas que ficam presas na cabeça.
Coisas que levam você sempre a crer
que você vive imaginando coisas
que você quer fazer acontecer.
Coisas que podem ser realidade.
Coisas que fazem você perceber
que você fica imaginando coisas
e que elas podem mesmo acontecer.

CHAMADO DO AMOR

Espalho seu nome pelas ruas,
pra você ouvir o meu chamado.
Brota da minha boca num sussurro.
Do meu peito sai meio gritado.
Confesso que faz parte da magia
tornar real aquilo que é sutil.
Pode parecer até bobagem,
uma atitude assim, meio infantil.
De qualquer modo, algo está no ar,
além das aves e dos aviões.
E esse apelo que lanço no espaço
é para unir os nossos corações.
Falta só você passar aqui,
num dia cheio de sol e calor,
sem rumo, sem trava, sem pressa,
e atender ao chamado do amor.

DESATINO

Procurei você nas cavernas mais escuras,
nas maiores profundezas, na vertigem das alturas.
Procurei você nos recantos mais distantes
com palavras sedutoras e canções inebriantes.
Procurei você aqui perto e ali, ao lado,
entre as dobras do segredo de um corpo imaginado.
Procurei você com o coração mais puro,
na esperança de um encontro nos caminhos do futuro.
Não me importo se você se esconde.
A hora finalmente há de chegar.
Por mais longa que seja essa jornada,
não me canso e vivo a procurar.

*O amor é um vento.
Ele passa e muda o que existe.
Quem quer voar seguro
pode acabar ficando triste.*

QUANDO O AMOR DESPERTA

O tempo passa.
O tempo sempre passou.
O tempo vai passar.

A gente existe
num piscar de olhos da eternidade.
O que podemos fazer?
Nada, além de rever
a importância das coisas.

MINHA POESIA

A poesia tem sido meu amparo, meu sossego, minha devoção. Não conheço algo mais lindo que se possa dizer com palavras.

Cultivo a poesia que fala da vida. É como embrenhar-se no inexplicável existir. Pertenço à poesia que fala de amor. Não há nada mais profundo que se possa sentir.

Felizmente, a vida e o amor se juntaram no abraço e no beijo. Tenho a missão de perpetuar esse encontro.

Do meu lado masculino, cultuo a mulher e tudo que tem a ver com feminilidade: delicadeza, encantamento, suavidade, incoerência, inconstância, mistério, beleza, prazer.

O universo feminino, no qual a mulher se dissolve, pertence à expansão, ao movimento, às transformações, ao poder. Tudo cabe lá. Isso me encanta, me seduz, me atrai. Amo o mundo feminino. E por me entregar a esse amor, pertenço a ele.

Por isso, escrevo sobre busca, vivências, desencontros, sonhos e emoções.

SILVIO FERREIRA LEITE

À Flávia Muniz, que sentiu a essência
dos significados, deu direção a cada
poesia e fez nascer o *Eterno Efêmero*.

À Raquel Matsushita, que contemplou
o espírito dos versos e criou com arte
a imagem do *Eterno Efêmero*.

À Mariângela de Almeida, que percorreu
o trajeto das palavras com os passos do
sentir e valorizou cada detalhe.

À Juliana Farias, que acompanhou
a ascensão do movimento criativo
e orientou a rota mais certa.

À Nani Cristina, que me acolheu
no seu coração poético e me permitiu
vivenciar outra forma de amor.

Todos os direitos reservados.
© Silvio Ferreira Leite, 2021

Rodrigo de Faria e Silva | editor
Flávia Muniz | projeto editorial e edição
Juliana Farias | coordenação operacional
Mariângela de Almeida | revisão
Raquel Matsushita | capa e projeto gráfico
Entrelinha Design | diagramação

Dados internacionais de Catalogação na Publicação (CIP)

L533e
    Leite, Sílvio Ferreira
        Eterno efêmero: poesia do cotidiano / Sílvio Ferreira Leite. – 1. ed. – São Paulo: Faria e Silva Editora, 2021.
        80 p.; 21 cm.

        ISBN 978-65-89573-32-6

    1. Poesia brasileira. I. Título.
                                                  CDD B869.1

Roberta Maria de O. V. da Costa – Bibliotecária CRB-7 5587

FARIA E SILVA EDITORA
Rua Oliveira Dias, 330 – Jardim Paulista
01433-030, São Paulo SP
www.fariaesilva.com.br
@fariaesilvaeditora

REALIZAÇÃO

SÍLVIO FERREIRA LEITE

ETERNO
EFÊMERO
POESIA DO COTIDIANO

FARIAeSILVA
EDITORA

ETERNO
EFÊMERO

Este livro foi composto com as tipografias Minion e Source, no estúdio Entrelinha Design, impresso em papel polen bold 90g, em setembro de 2021.